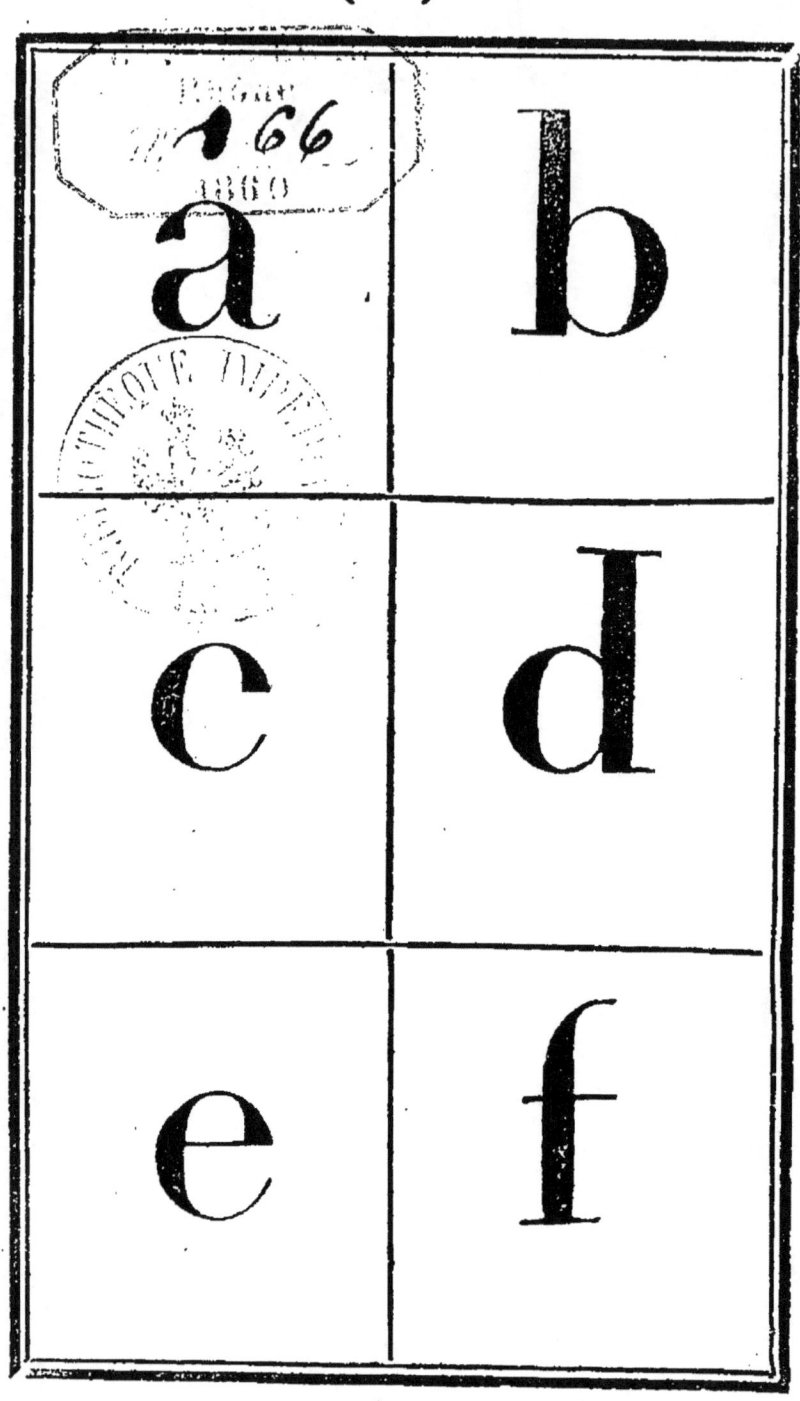

(2)

g	h
ij	k
l	m

(3)

n	o
p	q
r	s

(4)

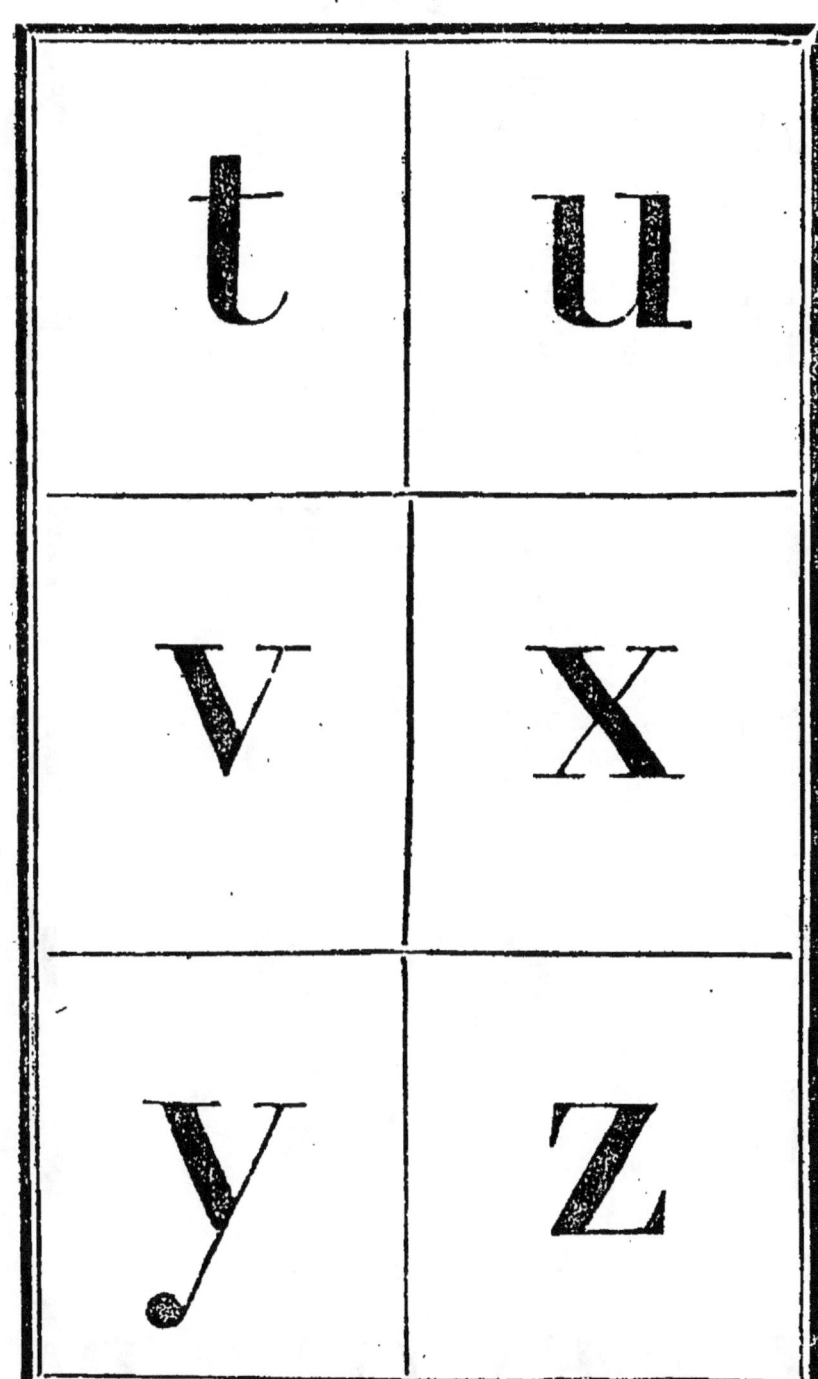

A B C D
E F G H
I J K L
M N O P
Q R S T
U V X Y
Z Æ OE W.

(6)

a	b	c	d
e	f	g	h
i	j	k	l
m	n	o	p
q	r	s	t
u	v	x	y
z	et	w	ff
fi	ffi	fl	ffl
st	ss	si	ssi

FIGURES DES LETTRES COMPARÉES.

A	a	*A*	*a*	N	n	*N*	*n*
B	b	*B*	*b*	O	o	*O*	*o*
C	c	*C*	*c*	P	p	*P*	*p*
D	d	*D*	*d*	Q	q	*Q*	*q*
E	e	*E*	*e*	R	r	*R*	*r*
F	f	*F*	*f*	S	s	*S*	*s*
G	g	*G*	*g*	T	t	*T*	*t*
H	h	*H*	*h*	U	u	*U*	*u*
I	i	*I*	*i*	V	v	*V*	*v*
J	j	*J*	*j*	X	x	*X*	*x*
K	k	*K*	*k*	Y	y	*Y*	*y*
L	l	*L*	*l*	Z	z	*Z*	*z*
M	m	*M*	*m*				

a	e	i	ou	y	o	u

ba	be	bi	bo	bu
ca	ce	ci	co	cu
da	de	di	do	du
fa	fe	fi	fo	fu
ga	ge	gi	go	gu
ha	he	hi	ho	hu
ja	je	ji	jo	ju
ka	ke	ki	ko	ku
la	le	li	lo	lu

(9)

ma me mi mo mu

na ne ni no nu

pa pe pi po pu

qua que qui quo qu

ra re ri ro ru

sa se si so su

ta te ti to tu

va ve vi vo vu

xa xe xi xo xu

za ze zi zo zu.

Mots faciles à épeler

Pa-pa.	Fan-fan.
Ma-man.	Gâ-teau.
Da-da.	Jou-jou.
Vo-lant.	Na-non.
Rai-sin.	Tou-tou.
Jar-din.	Pou-pée.
Se-rin.	Dra-gée.
Voi-sin.	Bon-bon.
Poi-re.	Bam-bin.
Bo-bo.	Pom-me.
Bon-net.	Cou-teau.
Bé-guin.	Cha-peau.

A−bat−tu.	Im−pos−tu−re.
A−bo−lir.	In−con−ti−nent.
Ba−bil−lard.	Ju−di−cieux.
Ba−di−ner.	Ju−ri−di−que.
Ca−ba−ne.	Ki−ri−el−le.
Ca−ba−ret.	Lai−tiè−re.
Cap−tu−rer.	La−pi−dai−re.
Da−moi−seau.	Mas−ca−ra−de.
Dé−chi−rer.	Né−gli−gen−ce.
E−tren−ner.	O−ri−gi−nal.
Fan−tai−sie.	Par−don−na−ble.
Gra−pil−ler.	Se−cou−ra−ble.

A-na-to-mi-que-ment.
Au-then-ti-que-ment.
Ban-que-rou-tier.
Ci-vi-li-sa-tion.
Dé-sin-té-res-se-ment.
Ex-com-mu-ni-ca-tion.
Fa-bu-leu-se-ment.
Ges-ti-cu-leu-se-ment.
Ha-bi-tu-el-le-ment.
In-cor-ri-gi-ble.
Jus-ti-fi-ca-tion.
Li-mo-na-dier.
Ma-nu-fac-tu-rier.
Na-tu-rel-le-ment.
Ob-sti-na-tion.
Par-ti-cu-liè-re-ment.

PHRASES A ÉPELER.

Il n'y a qu'-un seul Di-eu qui gou-ver-ne le ciel et la ter-re.

Ce Di-eu ré-com-pen-se les bons et pu-nit les mé-chans.

Les en-fans qui ne sont pas o-bé-is-sans, ne sont pas ai-més de Di-eu ni de leurs pa-pas et ma-mans.

Il faut fai-re l'au-mô-ne aux pau-vres, car on doit a-voir pi-tié de son sem-bla-ble

Un en-fant doit ê-tre po-li.

Un en-fant qui est hon-nê-te et qui a bon cœur est ché-ri de tous ceux qui le con-nais-sent.

Un en-fant bou-deur est ha-ï de tout le mon-de.

Un en-fant ba-bil-lard et rap-por-teur est tou-jours re-bu-té par tous ses ca-ma-ra-des.

On ai-me les en-fans do-ci-les; on leur don-ne des bon-bons.

Ne dé ro-bez rien.

Ne je-tez pas du pain à ter-re ; si vous en a-vez trop, il y a des gens qui n'en ont pas as-sez.

Ne vous met-tez pas en co-lè-re.

L'en-fant doux se fait ai-mer.

On ché-rit l'en-fant com-plai-sant

Ne mé-pri-sez per-son-ne.

L'en-fant le plus ins-truit n'est pas ce-lui qui par-le le plus.

Si vous dé-si-rez trop,

vous ne se-rez ja-mais heu-
reux.

Pour qu'on sup-por-te
vos dé-fauts, sup-por-tez
ceux des au-tres.

Si vous vou-lez vous fai-
re ai-mer, ren-dez-vous
ai-ma-ble.

Ne fai-tes pas à vos ca-
ma-ra-des ce que vous se-
riez fâ-chés qu'ils vous fis-
sent.

Dé-fiez-vous de qui-con-
que pré-tend ren-dre les
hom-mes plus heu-reux
qu'ils ne veu-lent l'être;

c'est la chi-mè-re des u-sur-pa-teurs et le pré-texte des ty-rans.

Voi-iez le ciel bril-lant d'é-toi-les, la ter-re cou-ver-te de fleurs, de fruits et d'a-ni-maux ; c'est Dieu qui a fait tout cela ; lui seul est tout-puis-sant : pour plai-re à Dieu, il faut que cha-cun fas-se son de-voir.

Le de-voir d'un en-fant est d'o-bé-ir à ses pa-rens, de cher-cher ce qui peut leur plai-re.

Les hom-mes sont faits pour s'ai-mer ; ils sont en

so—cié—té pour se ren—dre ser—vi—ce les uns aux au—tres.

Ce-lui qui ne veut ê-tre u-ti-le à per-son-ne, n'est pas di—gne de vi—vre a—vec les au—tres.

Les mi—li—tai—res dé—fen-dent l'é-tat; les ju-ges font ren—dre à cha-cun ce qui lui est dû; les mar-chands pro—cu—rent tout ce dont on a be—soin; les ou—vri-ers le pré-pa-rent.

Les prê-tres sont les gar-diens de la mo-ra-le.

Les sa-vans nous ex-pliquent les mer-veil-les de la na-tu-re ; les ar-tis-tes nous en re-pré-sen-tent les beau-tés; le phi-lo-so-phe est ce-lui qui ai-me la sa-ges-se et qui fait tout pour el-le.

La sa-ges-se de l'en-fant le rend plus ai-ma-ble; il fait a-vec plai-sir ce qu'on lui de-man-de.

La vé-ri-té est si bel-le, ne men-tez ja-mais ; on ne croit plus ce-lui qui a men-ti u-ne fois quand mê-me il dit vrai.

Le li-on est le roi des a-ni-maux.

L'ai-gle est le roi des oi-seaux.

La ba-lei-ne est le plus gros des pois-sons de la mer.

Le bro-chet est un pois-son vo-ra-ce, qui dé-truit les au-tres pois-sons des ri-vi-è-res et des é-tangs.

Le lys est le roi des fleurs; la ro-se en est la rei-ne.

L'or est le pre-mier des mé-taux ; il est le plus dur et le plus rare.

HISTOIRE
DES ANIMAUX

GRAVÉS DANS CE LIVRET.

A.   L'Ane.

CET animal ressemble beaucoup au cheval, quoiqu'il n'en ait pas toutes les qualités. Il est d'une grande utilité dans les campagnes. Compagnon assidu du villageois pauvre, il partage ses travaux, et porte des fardeaux assez considérables ; sert au moulin, et traîne de petites charrettes. Il mange peu, et n'est pas délicat sur la qualité de la nourriture. Malgré ses nombreux services, l'Ane est un objet de mépris, parce qu'il est lent, indocile et têtu.

B. Le Bélier.

De tous les animaux quadrupèdes dans l'état de domesticité, cette espèce est la plus stupide. Le Bélier porte sur la tête des cornes qui viennent se contourner sur le devant en forme de demi-cercle. On connoît l'âge du Bélier par ses cornes qui croissent tous les ans d'un anneau. Sa chair a l'odeur et le goût de celle du bouc.

C. Le Chameau.

Cet animal, dont la longueur moyenne est de dix pieds sur six de hauteur, a tout le corps couvert de longs poils roux. Il a deux bosses sur le dos et cinq estomacs, tandis que les autres animaux ruminans n'en ont que quatre. Ce cinquième estomac est un réservoir destiné à recevoir l'eau, et où ne peut entrer aucun autre aliment. Le

Chameau peut rester jusqu'à deux jours sans boire, et une pelote de pâte lui suffit pour la nourriture d'une journée. Sans le secours de cet animal aussi sobre qu'il est vigoureux, il eût été impossible de traverser ces immenses solitudes où le voyageur ne trouve que des sables brûlans. Il peut porter jusqu'à douze cents livres pesant, et fait dix ou douze lieues par jour. Il épargne à son conducteur jusqu'à la peine d'élever les fardeaux, et fléchit les genoux à sa voix pour les recevoir. Celui qui conduit une troupe de Chameaux les précède tous, et leur fait prendre le même pas qu'à sa monture, en charmant leur ennui par la voix ou par le son de quelque instrument.

D. Le Daim.

Cet animal est fort joli; il ressemble beaucoup au cerf : mais il est plus petit. Il porte un bois ou des cornes comme lui.

Les cerfs vont en troupe : les Daims ont la même habitude. Ils ont chacun leur chef qui est ordinairement le plus âgé et le plus fort, qui marche à leur tête et dirige leurs mouvemens. Lorsqu'ils se rencontrent, ils se livrent bataille ; ils s'attaquent avec force et se défendent avec courage. Les vaincus sont obligés de prendre la fuite.

E. L'Éléphant.

L'ÉLÉPHANT surpasse en grosseur tous les quadrupèdes connus. Sa tête est monstrueuse, ses oreilles sont longues, larges et épaisses. Son nez, qu'on appelle trompe, est une espèce de tuyau flexible en tous les sens et assez long pour toucher à terre. Avec le rebord de cette trompe, qu'il forme comme un doigt, il peut saisir les choses les plus petites, dénouer des cordes et déboucher une bouteille. Il peut aussi arracher des arbres et d'une secousse faire une brêche à une muraille. Sa machoire supérieure est garnie de deux longues dents d'où l'on tire l'ivoire. Cet animal est très-susceptible d'affection et de docilité. Voici un trait qui prouve combien son intelligence est grande. Un peintre vouloit dessiner un Eléphant la gueule béante ; pour cela, il s'était fait accompagner d'un jeune élève qui jetait de temps en temps des fruits à l'animal ; mais comme souvent il n'en faisait que le geste, l'Eléphant impatienté s'en prit au maître et gâta tout le dessin sur lequel il travaillait.

F. Le Furet.

Cet animal est originaire des pays chauds. Il est leste, souple et grand chasseur de lapins. Son œil est vif, son naturel colère ; cependant il est docile et facile à apprivoiser. On élève en France les petits dans des cages ou tonneaux. Du pain et du lait, voilà toute leur nourriture.

G. La Giraffe.

La Giraffe se trouve dans quelques parties de l'Afrique et de l'Inde méridionale. C'est un animal fort beau, très-doux, mais que la nature a formé de manière à ce qu'il ne puisse nous être utile. Il est trois fois plus haut que le plus grand cheval ; mais cette grandeur n'est pas proportionnée, car le cou en fait presque la moitié. Il a les jambes de devant extraordinairement longues ; ce qui fait que lorsqu'il veut paître ou boire, il est obligé d'écarter les jambes pour y parvenir : aussi paraît-il fait plutôt pour manger les feuilles des arbres que les herbes de la terre.

H. L'Hyène.

L'Hyène se trouve dans tous les pays chauds de l'Afrique et de l'Asie. Elle est à peu près de la grandeur du loup ; mais son corps est plus ramassé, et ses jambes plus longues, surtout celles de derrière, son cri imite le mugissement du veau. Elle est d'un caractère féroce, carnassier, et qui ne s'apprivoise jamais. Courageuse, elle se défend contre le lion et les animaux les plus redoutables, poursuit les troupeaux et rompt souvent, la nuit, les clôtures des bergeries et les portes des étables pour dévorer les bestiaux. L'Hyène a une crinière semblable à celle du cheval, mais qui s'étend tout le long du dos. Elle attaque l'homme et recherche la chair humaine jusque dans les tombeaux. Lorsque la proie lui manque, elle creuse la terre avec les pieds, et en tire par lambeaux les cadavres des animaux et des hommes qu'on enterre également dans les champs, au pays qu'elle habite.

I. L'Ichneumon.

L'Ichneumon est domestique en Egypte comme le chat l'est en Europe, et il sert de même à prendre les souris et les rats. Il a les yeux vifs et pleins de feu, la physionomie fine, le corps très-agile, les jambes courtes, la queue grosse et très-longue, le poil rude et hérissé. Il chasse également les chats, les chiens, les lézards, les insectes, et ne redoute pas même la morsure des serpens. Il les saisit et les tue, quelque venimeux qu'ils soient, et lorsqu'il commence à ressentir les impressions du venin, il va chercher des antidotes et particulièrement une racine qui passe en Egypte pour être un des plus sûrs et des plus puissans remèdes contre la morsure de la vipère et de l'aspic. Mais le plus grand service qu'il rende à la contrée qu'il habite, c'est qu'il y mange les œufs des crocodiles qui multiplient tellement, que ce serait un vrai fléau pour les Egyptiens si l'Ichneumon ne leur faisait une guerre continuelle.

J. Le Jaguar.

Le Jaguar, originaire de l'Amérique, ressemble par sa taille et sa grosseur à un dogue. Sa peau est tachetée comme celle d'un tigre. Carnassier et féroce, il est très-dangereux lorsqu'il est affamé ; et le moyen le plus sûr pour se délivrer de sa poursuite, c'est de lui présenter un tison enflammé. Sa fureur cependant s'apaise lorsqu'il a bien mangé ; et alors il est absolument sans courage. Les vaches et les bœufs sont les animaux qu'il attaque ordinairement. Il leur ouvre la poitrine et le ventre pour boire leur sang, les déchire et couvre ensuite avec des branches d'arbres les restes de sa proie dont il ne s'écarte guère, à moins que la chair ne se corrompe. Son cri *hou hou*, a quelque chose de plaintif, il est grave et fort comme celui du bœuf. Il ne s'apprivoise pas, et ceux qui l'ont élevé depuis sa tendre enfance et adouci jusqu'à jouer avec lui, s'en sont repentis, parce qu'il a toujours donné la mort à son maître.

K. Le Kanguroo.

Le Kanguroo marche ou plutôt saute sur ses jambes de derrière, tenant celles de devant pressées contre sa poitrine. Quand cet animal est effrayé et poursuivi, il fait des sauts de vingt à vingt-huit pieds d'étendue et de cinq à six de hauteur; dans ses sauts, sa queue qui est grosse et longue et qu'il tient étendue, fait l'office de balancier, de sorte qu'il peut tenir sa tête levée, et le corps dans une situation presque droite. Dans l'état de repos, le Kanguroo, appuyé sur ses tarses postérieures et sur la base de sa queue, se tient debout, lève la tête et laisse pendre ses pates de devant.

On ignore encore toutes les autres habitudes de cet animal singulier ; il se nourrit de carottes et d'autres racines ; sa chair est un excellent manger.

L. Le Lion.

Le Lion par sa majesté, sa fierté, sa force, mérite la qualité qu'on lui donne de *roi des animaux*. Sa patrie est l'Asie ou l'Afrique. Une longue et rude crinière qui devient plus belle avec l'âge, ombrage sa tête superbe. Sa queue longue d'environ quatre pieds, lui sert à terrasser et à briser l'ennemi qu'il veut atteindre. Un rugissement sourd est sa voix ordinaire : il est effrayant.

Il n'attaque que par nécessité et lorsqu'il est tourmenté par la faim. Pris jeune, il peut s'apprivoiser, et même s'attacher à ceux qui le soignent.

Il n'est personne qui n'ait ouï parler de l'amitié qu'avoit contractée un Lion pour un chien qui avoit été élevé dans sa loge. Au bout de quelques années, le chien fut attaqué d'une maladie dont il mourut. Dans les premiers instans de sa douleur, le Lion poussa de sombres rugissemens et tomba dans une tristesse profonde. Il étrangla avec fureur les chiens qu'on voulut lui donner pour remplacer celui qu'il avoit perdu. Le temps est enfin parvenu à calmer ses regrets; mais la vue d'un chien renouvelle encore le sentiment de sa perte, et il ne redevient paisible que lorsque cette image douloureuse a disparu.

M. La Marmotte.

Qui ne connaît pas ce petit animal que les Savoyards indigens exercent à danser et nous montrent par curiosité? Il se tient assis comme l'écureuil, et se sert des pieds de devant pour porter à sa bouche. Les Marmottes se creusent, sur le penchant d'une colline, un trou qu'elles garnissent soigneusement d'herbes fines et de mousse. Aux approches de l'hiver, elles en bouchent les issues si exactement qu'a n'en peut distinguer la place. Alors elles se roulent les unes contre les autres et restent engourdies jusqu'au printemps. C'est le moment le plus favorable pour les prendre.

N. Le Nilgaut.

Originaire des climats chauds, le Nilgaut est de la taille d'environ quatre pieds. Sans être agile comme le cerf, il lui ressemble beaucoup. Il est doux quoique très-vif, et même familier. Il mange de l'avoine et de préférence de l'herbe fraîche. Son suif est excellent, et son cuir est précieux.

O. L'Ours.

On distingue plusieurs espèces d'Ours dont la plus connue est celle que nous avons vue si souvent danser lourdement au son des instrumens et suivre grossièrement la mesure. Cet animal ne se plaît que dans la solitude et les retraites les plus profondes. Pendant l'hiver, il se retire dans sa tanière, et y reste tranquille sans prendre de nourriture. Il lèche ses pates, qui sont composées de glandes pleines d'un suc laiteux. La graisse dont tout son corps est couvert, lui sert aussi d'aliment pendant cette saison d'abstinence. Sa chair est assez bonne; mais celle des Oursons est très-délicate. Sa graisse fournit une huile excellente à manger; et sa peau, de toutes les fourrures grossières, est celle qui a le plus de prix.

P. La Panthère.

La Panthère ressemble par sa tournure à un gros dogue. Elle a le regard cruel, les mouvemens brusques, et l'air inquiet. Elle se trouve dans les contrées les plus chaudes de l'Asie et de l'Afrique, et habite les forêts les plus touffues. Elle s'approche des habitations isolées pour surprendre les animaux ; mais rarement elle attaque l'homme. Malgré sa férocité, on la dompte et on la dresse pour la chasse.

Q. Le Quinkajou.

Ce quadrupède, qu'on trouve en Amérique, est de la grosseur d'un chat très-fort. Il porte des griffes et une queue qui fait deux ou trois tours sur son dos. Il monte très-légèrement sur les arbres d'où il s'élance sur l'orignac, espèce d'élan du Canada, qui est son ennemi. Il s'attache fortement par ses griffes à son cou, et ne le quitte point qu'il ne l'ait terrassé. Souvent l'orignac plonge dans l'eau, et alors le Quinkajou, qui craint cet élément, est forcé de l'abandonner.

R. Le Rhinocéros.

C'est dans l'Asie qu'on trouve cet animal, qui est un des plus gros quadrupèdes. Il porte sur le nez une corne très-dure qui parvient jusqu'à la longueur de trois ou quatre pieds, et qui lui sert de défense. Sa peau est tellement dure, qu'elle est impénétrable aux balles et au fer du chasseur. Sa queue est d'une force étonnante. Il se nourrit d'herbes et de feuillage, et n'attaque point l'homme, à moins qu'il n'en soit provoqué. Sa peau fait le cuir le meilleur et le plus dur qu'on connoisse.

S. Le Singe.

Le Singe est de tous les animaux celui qui ressemble le plus à l'homme. Il imite ses gestes avec une adresse étonnante ; susceptible d'apprendre tout ce qu'on veut lui enseigner, on en a vu rendre à leur maître tous les services du laquais le plus adroit.

Les Singes, même dans leur état sauvage, observent une certaine discipline et exécutent tout avec intelligence. Veulent-ils piller un jardin, ils se rangent en haie à une distance médiocre les uns des autres, et se jettent adroitement les fruits de main en main et avec une rapidité extrême. Il y en a toujours un en sentinelle sur un lieu élevé. Aperçoit-il quelque danger, il jette un cri. A ce signal toute la troupe s'enfuit aussitôt.

T. Le Tigre.

Le Tigre n'est pas aussi fort que le lion ; mais il est plus à craindre, parce qu'il est plus féroce. Qu'il soit rassasié ou à jeun, il n'épargne aucun animal, et ne quitte une proie que pour en égorger une autre et se plonger de nouveau la tête dans le sang. Heureusement l'espèce n'en est pas nombreuse : elle est confinée dans les parties les plus brûlantes de l'Afrique et de l'Asie. Le naturel du Tigre est indomptable. Dans la captivité, il déchire la main qui le nourrit comme celle qui le frappe. Son rugissement est sourd et comme engouffré. On peut s'en faire une idée par le grondement du chat lorsqu'il tient sa proie.

U. L'Unau.

L'Unau est aussi appelé *Paresseux*, à cause de la lenteur de ses mouvemens et de la dif culté qu'il éprouve pour marcher. C'est tout au plus s'il peut parcourir une toise dans une heure. Faute de dents, il ne peut saisir aucune proie, ni même brouter l'herbe. Réduit à vivre de feuilles et de fruits sauvages, il se traîne avec effort au pied d'un arbre. Il lui faut encore plusieurs jours pour y grimper. Parvenu au sommet, il n'en descend que lorsqu'il l'a entièrement dépouillé de ses feuilles. Lorsque l'arbre est tout à fait nu, il y reste encore retenu par l'impossibilité d'en descendre. Enfin, quand le besoin se fait de nouveau sentir, et devient plus vif que la crainte de la mort, il se laisse tomber lourdement, comme une masse sans ressorts ; car ses jambes roides et paresseuses n'ont pas le temps de s'étendre pour rompre le coup ; cette chute, cependant, ne lui produit qu'un engourdissement passager.

V. Le Veau marin.

CET animal amphibie nage mieux qu'il ne marche. Il fréquente les côtes plus que la haute mer, et est presque insensible au chaud et au froid ; il vit de chairs de poissons ; sent fort mauvais, a l'ouïe assez fine lorsqu'il n'est pas endormi ; miaule comme un chat dans sa jeunesse, et aboie comme un chien enroué lorsqu'il est plus fort. Il vient souvent dormir à terre, sur les rochers ou sur les glaçons, surtout au soleil ; imite en ronflant le beuglement du veau, et se laisse approcher sans s'éveiller. Il est naturellement courageux. Ses dents tranchantes et ses ongles crochus sont des armes vigoureuses avec lesquelles il attaque et se défend. Dans les grands orages, il vient se jouer sur les côtes au bruit du tonnerre et au feu des éclairs ; on diroit qu'il s'amuse de ces désordres de la nature.

X. Le Xandarus *ou* Bubale.

Cet animal ressemble à la fois au cerf et au bœuf; au cerf, par la grandeur et la figure du corps, et surtout par la forme des jambes ; comme lui, il porte des cornes, mais ce bois est permanent et ne tombe point. Il ressemble au bœuf par la longueur du museau et par la disposition des os de la tête. C'est cette ressemblance qui lui a fait donner le nom de Bubale. Il est assez commun en Barbarie et dans toutes les parties septentrionales de l'Afrique. Son cuir est très-noir et sa peau très-bonne à manger.

Y. L'Yarque.

L'YARQUE est une sorte de singe assez jolie, et qui ne le cède en rien par son adresse à aucun animal de son espèce. Il marche sur les pates de derrières, se sert de celles de devant comme de deux mains, et fait mille grimaces et mille contorsions qui, jointes à ses gestes ridicules et extravagans, donnent le spectacle de la pantomime la plus singulière et la plus divertissante.

Z. Le Zèbre.

LE Zèbre est un fort bel animal qui seroit très utile à l'homme, si on pouvoit parvenir à l'apprivoiser. On le trouve en Afrique. Il tient le milieu entre le cheval et l'âne ; mais quoique d'un air beaucoup plus noble, il ressemble davantage au dernier pour la forme. La peau seule met une grande différence entre eux. Il joint à l'élégance de la taille et à la beauté de sa robe, une légèreté que nous n'avons pas encore su nous rendre utile. Il y a cependant une espèce de Zèbre qui est plus docile et qui consent à traîner une charrette.

LA PRAIRIE.

Eh bien, mes petits enfans, que dites-vous de cette prairie? n'est-ce pas un endroit charmant? Quel air de fraîcheur on y respire! Comme l'herbe en est épaisse et verdoyante, et de combien de jolies fleurs elle est émaillée!

Je n'ai pas besoin de vous dire quel est l'usage de cette herbe, qu'on appelle ordinairement gazon. Vous avez vu si souvent les vaches, les chevaux et les brebis s'en repaître; mais ils ne la mangent pas toute sur la prairie. On leur réserve certains quartiers pour le pâturage, et on les éloigne des autres aussitôt que l'herbe commence à grandir. Elle n'atteint sa parfaite maturité qu'au mois de juin; ce que l'on reconnaît par la couleur jaune qu'elle prend. Alors les faucheurs la coupent avec un instrument tranchant de fer recourbé, qu'on nomme une faulx. Ensuite viennent des faneurs, qui la tournent et la retournent avec des fourches de bois, en l'étalant sur la terre, pour la faire sécher au soleil. Elle prend alors le nom de foin. Dès que le foin a perdu toute son humidité, et qu'il n'y a plus de danger qu'il s'échauffe, on le ramasse avec des rateaux, et on l'emporte sur des chariots dans la cour de la ferme, où il est entassé en grands monceaux, qu'on appelle meules.

C'est de ces meules énormes que l'on tire le foin pour le lier en milliers de bottes, et le donner aux chevaux que l'on tient dans l'écurie. Il sert aussi dans l'hiver à nourrir les troupeaux; car alors il y a bien peu de gazon pour eux sur la terre, et moins encore lorsqu'elle est couverte de neige. Tout cela vient de petites graines qui ne sont pas plus grosses que des têtes d'épingles; et les graines sont venues des fleurs que vous pouvez remarquer à présent à l'extrémité de la tige.

Dans une prairie où l'on fauche le foin, il se détache toujours un grand nombre de graines qui, l'année suivante, produisent le gazon; mais si l'on veut faire une prairie dans une pièce de terre neuve, il faut recueillir les graines pour les semer.

Ces jolies fleurs, dont vous venez de faire un bouquet, Charlotte, viennent également des graines qui se trouvaient mêlées parmi celles du foin. Voilà des boutons d'or, des coquelicots et des marguerites de prés. Ces fleurs sont bonnes pour les troupeaux, et servent à donner un goût agréable au gazon. Il y en a même qui sont médicinales, c'est-à-dire, bonnes à composer des remèdes pour une infinité de maladies auxquelles nous sommes sujets.

Ne pensez-vous pas, Henri, que le gazon, dont la douce verdure embellit tant les campagnes, est en même temps une production bien utile? Je suis sûr que les pauvres troupeaux le diraient encore mieux que nous, s'ils étaient en état de parler. Ils n'ont pas de cuisinier pour préparer leur repas; ils ne peuvent pas même faire comprendre ce qui leur est nécessaire. Mais Dieu a su pourvoir à leurs besoins. Vous voyez que leur nourriture s'étend sous leurs pieds, et qu'ils n'ont qu'à se baisser pour la prendre. S'il en coûte à l'homme des soins légers pour la faire venir, c'est bien le moins qu'il donne quelques-uns de ses momens à ces animaux utiles, dont les uns lui épargnent tant de fatigues, et dont les autres le vêtissent de leur laine, et le nourrissent de leur chair.

LE CHAMP DE BLÉ.

Maintenant nous allons prendre congé de la prairie, et faire un tour dans le champ de blé. Il y en a de plusieurs espèces : celui-ci est de froment; je le reconnais à la hauteur de ses tiges. J'espère que nous en aurons une abondante récolte. Elle sera bonne à ramasser dans le mois d'août, qu'on appelle le mois des moissons. J'ai mis dans ma poche un épi de l'année dernière, pour vous montrer tout ce que ceci produira. Froissez-le dans vos mains, Henri. Bon ! soufflez à présent les barbes, et donnez-moi un des grains. Voilà ce qu'on appelle un grain de froment. Vous voyez qu'il y a plusieurs grains dans un épi. Eh bien, regardez maintenant le pied, vous verrez qu'il vient quelquefois plusieurs tiges, et par conséquent plusieurs épis d'une seule racine; et cependant, toute cette racine provient d'un seul grain qu'on a semé à la fin de l'automne.

Cette semence n'a pas été jetée au hasard, et sans beaucoup de soins particuliers. On avait commencé par ouvrir la terre en sillons, quelques mois auparavant, avec ce fer tranchant que je vous ai fait remarquer au-dessous de la charrue. Elle est restée en repos tout l'été, et s'est bien pénétrée du fumier qu'on avait répandu sur les guérets pour l'engraisser; puis on l'a de nouveau labourée. Enfin, vers le milieu de l'automne, un homme est venu y répandre des grains dans chaque sillon, et tout de suite, avec sa herse, il les a recouverts de terre. Ces grains étant enflés et ramollis par l'humidité, il en est sorti par en bas de petites racines qui se sont accrochées dans le sein de la terre; et par en haut, de petits tuyaux qui ont percé sa surface en plusieurs branches, de la manière que vous pouvez le remarquer. Ces tuyaux, montés en haute tige, ont produit les épis dont chacun renferme à peu près vingt grains; en sorte que si vous comptez, d'après ce calcul, tout le produit des grains dont la semence a réussi, vous trouverez qu'il peut en être venu environ vingt fois autant que l'on en a mis dans la terre. Les épis cachés encore dans ces tiges se développeront peu à peu, se mûriront au soleil, et ressembleront à celui que vous venez de froisser. Alors on coupera par le pied, avec une faucille, les tiges de paille qui les supportent, et on les liera en paquets, appelés gerbes, pour les emporter dans la grange, les battre avec un fléau, et les vanner, pour séparer du grain les débris de la paille. On enverra celui-ci au meûnier, pour le moudre en farine sous la grosse meule de son moulin à eau ou à vent. Ensuite la farine sera vendue au boulanger pour en faire du pain, et au pâtissier pour en faire des biscuits et des pâtés.

Imaginez quelle immense quantité de blé on doit semer tous les ans, pour fournir du pain à tant de milliers d'hommes. Le pain est l'aliment le plus sain et le moins cher qu'on puisse se procurer. Il y a beaucoup de pauvres gens qui n'ont guère d'autre nourriture, et qui n'en ont pas toujours.

Le blé ne viendrait pas comme le foin sans être ensemencé, parce que le grain en est plus gros, et doit être enfoncé plus profondément dans la terre. Je vous ai dit tout à l'heure les divers travaux que demandaient les semailles.

Voici une autre espèce de blé qu'on appelle l'orge. Je vous en ai aussi apporté un épi, pour vous la faire distinguer du froment. Voyez-vous comme il a des barbes longues et fourrées ? Gardez-vous bien, Henri, de le mettre dans la bouche, car il s'arrêteroit à votre gosier, et vous étoufferoit. L'orge est semée et recueillie de la même manière que le froment; mais elle ne fait pas de si bon pain. Elle est cependant fort utile. Les fermiers la vendent par boisseaux aux marchands, qui la font tremper dans l'eau, pour la faire germer. Alors, on la sèche sur de la cendre chaude, et elle devient drêche. On y verse une grande quantité d'eau, puis on y mêle du houblon, qui lui donne un goût agréable d'amertume, et l'empêche de s'aigrir. Enfin, en brassant ce mélange, on en fait de la bierre, cette liqueur forte et nourrissante qui fait la boisson ordinaire dans plusieurs pays où il ne croît pas du vin. L'orge est aussi fort bonne pour nourrir les dindes, les poules et d'autres oiseaux de basse-cour.

Je vous ai parlé du houblon. Il croît dans les champs qu'on appelle houblonières. Sa tige monte le long des perches qu'on lui donne pour la soutenir. Ses fleurs, d'un jaune pâle, font un effet charmant dans la campagne. Quand il est mûr, on le sèche ; on en fait des monceaux, et on le vend aux brasseurs.

Cette troisième espèce de blé est de l'avoine. Vous avez vu souvent le palefrenier en servir aux chevaux pour les régaler, et leur donner du feu. C'est une espèce de dessert qu'on leur présente après le foin.

Il y a aussi une autre espèce de blé, qu'on nomme seigle, qui sert à faire le pain bis que mangent les pauvres. On le mêle quelquefois avec du froment, et il donne alors du pain d'un goût assez bon.

Il y a bien des pays qui ne produisent pas de blé pareil à celui qui vient dans nos contrées. Par exemple, le blé qu'on nous a apporté de Turquie est bien différent du nôtre. Sa tige est comme celle d'un roseau, avec plusieurs nœuds. Elle monte à la hauteur de quatre ou cinq pieds. Entre les jointures du haut de la tige sortent des épis de la grosseur de votre bras, qui renferment un grand nombre de grains jaunes ou rougeâtres, à peu près de la figure d'un pois applati. La volaille en est très-friande. On le cultive avec succès dans quelques provinces de France, surtout dans les landes de Bordeaux, où il sert à faire du pain pour les misérables habitans.

Vous connaissez aussi-bien que moi le millet que l'on donne aux oiseaux. Il vient en forme de grappes, sur des tiges plus courtes et plus menues que celles du froment. La farine en est excellente, cuite avec du lait.

Je vous ferais venir l'eau à la bouche, si je vous parlais du riz que l'on prépare aussi avec du lait. Mais croiriez-vous qu'il a besoin d'être presque couvert d'eau pour croître et pour mûrir ?

Dans les pays où la terre n'est pas propre à produire du grain, les pauvres habitans sont réduits à se nourrir de fruits, de racines, de gâteaux de pomme de terre, ou d'une pâte de marrons cuits au four. On est même quelquefois obligé dans les pays les plus fertiles, d'avoir recours à ces tristes alimens, lorsqu'il survient des années de stérilité. Deux bons citoyens, MM. Parmentier et Cadet de Vaux ont enseigné la meilleure manière de les préparer.

Quelles grâces, mes enfans, nous devons rendre à Dieu, nous qui n'avons jamais éprouvé ces cruels besoins ! J'espère que vous serez touchés de cette réflexion, et que vous vous ferez un devoir de ne jamais gaspiller ce qui ferait la joie de tant de malheureux. Les miettes mêmes que vous laissez tomber, si elles étaient ramassées, pourraient fournir un bon repas à un petit oiseau, et le rendre joyeux pour toute la journée. Comme il s'empresserait de les partager avec ses petits, qui ouvrent inutilement leurs becs, tandis que leurs parens volent au loin pour leur chercher quelque nourriture ! J'étais bien fâchée hier au soir contre vous, Henri, lorsque vous faisiez des boulettes de pain pour les jeter à votre sœur. J'ose croire que vous ne le ferez plus, maintenant que je vous ai fait connaître le prix de ce présent inestimable du Ciel. J'ai vu des personnes qui avaient prodigalement gâté du pain pendant leur enfance, pleurer, dans un âge avancé, faute d'en avoir un morceau.

LA VIGNE.

Vous avez bu quelquefois du vin de Champagne et de Bourgogne, sans vous embarrasser de la manière dont il se faisait. Entrons dans ce vignoble. Eh bien, Henri, croiriez-vous jamais que c'est de ces petites souches tortues que nous vient la douce liqueur qui nous fait tant de plaisir dans nos repas ? Vous connaissez le raisin ? Voyez déjà la grappe qui commence à se former. Ces grains, qui ne sont encore que du verjus, s'enfleront peu à peu, et seront mûrs vers le milieu de l'automne. Vous en verrez faire la récolte, qu'on appelle vendange; mais je suis bien aise, en attendant, de vous en donner une idée.

Dès le matin, les vendangeuses se répandent dans la vigne, coupent le raisin, et en remplissent leurs paniers. Un homme vient les prendre à mesure qu'ils sont pleins, et va les jeter dans de larges demi-tonneaux, placés sur une charrette pour les recevoir, et les porter à un endroit où des hommes foulent les grappes sous leurs pieds. On recueille la liqueur qui découle du pressoir, et on la verse dans de grandes cuves, ou de petits tonneaux, où elle se purifie d'elle-même, en fermentant, jusqu'à ce quelle devienne bonne à boire.

Le temps des vendanges est un temps continuel de plaisirs et de fêtes. Il faut entendre, pendant le travail, les chansons rustiques des vendangeuses. Il faut les voir à la fin de la journée danser gaîment dans la cour, et les maîtres se mêler souvent à leurs repas et à leurs danses. Tout y respire un air de joie et d'innocente liberté.

Le vin, pris avec modération, est très-bon pour l'estomac, et le fortifie ; mais lorsqu'on en boit avec excès, il produit des vapeurs qui troublent la raison, et rabaissent l'homme au niveau de la brute stupide. Vous avez vu quelquefois des ivrognes, et vous vous souvenez encore de la juste horreur qu'ils vous ont inspirée.

LES FLEURS.

Charlotte, si vous n'êtes pas fatiguée, nous irons voir nos fleurs. Pour Henri, c'est un homme ; et il lui siérait mal de se plaindre. Je pense même qu'il serait en état de se tenir sur ses pieds du matin au soir. Venez, monsieur, prenez la clef du jardin, et ouvrez la porte. Voici, je crois, l'endroit le plus agréable que nous ayons jamais vu.

Quel est l'objet qui va d'abord captiver nos regards ? Que sais-je ? Il se trouve ici une si grande variété de beautés, que l'on hésite à laquelle donner la préférence. Vous admiriez les fleurs des champs ; mais celles-ci les surpassent encore.

Regardez ces tulipes, ces giroflées, ces œillets, ces jonquilles, ces jacinthes et ces renoncules. La blancheur de ce lis ou de cette tubéreuse, efface celle de la plus belle batiste. Prenez la plus petite fleur : en la regardant de près, vous la trouverez aussi jolie et aussi curieuse que les plus grandes. N'oublions pas, surtout, la modeste violette, la première fille du printemps. Charlotte, cueillez-moi, je vous prie, une de ces roses à cent feuilles. C'est bien avec raison que pour son doux parfum et sa couleur brillante, on la nomme la reine des fleurs. Joignez-y quelques brins de lilas, de jasmin, de muguet et de chèvre-feuille. Quel agréable mélange de douces odeurs dans un si petit bouquet ! je ne vous permettrai pas d'en cueillir davantage ; ce serait une pitié de les gâter. Le jardinier nous en a apporté ce matin pour parer notre appartement. Elles se conserveront par la fraîcheur de l'eau qui baigne leurs tiges ; au lieu que la chaleur de vos mains les aurait bientôt fanées.

Avez-vous pris garde que chaque fleur a des feuilles différentes de celles des autres ; que quelques-unes sont bigarrées de toutes les couleurs que vous pouvez nommer, et découpées en festons les plus délicats ? En un mot, leurs beautés sont trop multipliées, pour qu'on puisse vous les compter. Quand vous serez en état de lire les ouvrages d'Histoire naturelle, vous serez étonnés de tout ce qu'elles offrent d'admirable. Mais vous êtes trop jeunes pour pouvoir comprendre ces livres à présent. Cependant je ne dois pas omettre de vous dire que toutes les fleurs viennent ou de graines, ou d'ognons, ou de petites racines détachées des grandes, ce qu'on appelle marcottes.

Aucune de celles qui croissent ici, ne viendrait à l'aventure dans les champs, parce que la terre n'y est pas assez riche pour elles. Il faut prendre beaucoup de peine pour les faire venir, même dans un jardin. Le jardinier est obligé de leur donner des soins continuels. Il faut surtout qu'il n'oublie pas de les arroser chaque jour. La terre et l'eau sont pour les fleurs, ce que la viande et le vin sont pour les hommes.

HISTORIETTES.

LE PATISSIER.

Un Pâtissier qui allait sur un chemin, en portant sur sa tête une corbeille pleine de gâteaux, en laissa tomber quelques-uns, sans s'en apercevoir. Un petit garçon marchait à quelques pas derrière lui. Il vit tomber les gâteaux, courut les ramasser, et les rendit à leur maître. Je vous remercie, mon petit ami, lui dit celui-ci. Mais pourquoi ne les avez-vous pas mangés ? Parce que cela n'aurait pas été bien, répondit le petit garçon. Ces gâteaux sont à vous ; et je ne dois pas prendre ce qui ne m'appartient pas. Voilà qui est fort bien pensé, répliqua le Pâtissier. Vous avez fait votre devoir en me les rendant. Mais puisque vous avez été si honnête, je veux vous en donner deux pour votre récompense. Le petit garçon les reçut, en le remerciant ; et il courut partager ce déjeûner friand avec son frère, ainsi que doit le faire tout enfant qui veut se faire aimer.

Après que ce brave petit garçon se fut retiré, l'homme aux gâteaux, en poursuivant sa route, en laissa tomber quelques autres de sa corbeille, qui était de beaucoup trop pleine. Un autre enfant les vit tomber à terre, et courut les ramasser. Mais il ne fut pas si honnête que le premier, car au lieu de les rendre, comme lui, à leur maître, il se mit à les manger goulument. Tandis qu'il les gobait ainsi, le Pâtissier se retourna et le prit sur le fait de sa gourmandise. Qui vous a donné ces gâteaux, lui dit-il? Je les ai trouvés, répondit le petit glouton; et je les ai mangés, parce que je les aime. Mais ils m'appartenaient, répliqua le Pâtissier. Vous les aviez vus tomber de ma corbeille; et vous auriez dû me les rendre. Puisque vous vous êtes comporté comme un voleur, je vais vous corriger. A ces mots, il ôta sa corbeille de dessus sa tête; et, courant de toutes ses jambes vers le petit garçon qui s'enfuyait, il l'atteignit bientôt, et le frappa rudement de son bâton.

Les cris que poussait ce malheureux vaurien furent entendus de son père. Il accourut pour défendre son fils. Mais lorsqu'il eut apprit la raison de son châtiment, il remercia celui qui le corrigeait d'une si bonne manière ; et après lui avoir payé les gâteaux que son fils avait mangés, il emmena celui-ci dans sa maison pour le punir encore plus sévèrement de son indigne conduite.

LA PETITE LÉONORE.

Léonore était une petite fille pleine de la plus sotte vanité. Pourvu qu'elle fût bien habillée, elle pensait qu'elle n'avait pas besoin de savoir lire et travailler, et qu'il fallait laisser les livres et les aiguilles aux enfans des pauvres, qui avaient besoin de s'instruire pour gagner leur vie.

Il n'y avait pas un domestique dans la maison qu'elle n'humiliât chaque jour par ses airs de mépris ; et lorsqu'elle trouvait dans la rue de petits garçons ou de petites filles, dont les vêtemens n'annonçaient pas la richesse, elle redressait sa tête, les regardait par-dessus l'épaule, et s'imaginait qu'ils n'étaient pas dignes de marcher sur le même terrain.

Elle ne traitait pas ses compagnes avec moins de hauteur. Son cœur s'enflait d'orgueil en se comparant avec elles, parce qu'elle avait de plus jolis bijoux et de plus beaux habits. La petite Emilie venait quelquefois jouer avec elle ; mais comme ses parens, quoiqu'ils fussent très-riches, la tenaient simplement vêtue, Léonore l'insultait, et s'emportait même jusqu'à la battre, lorsqu'elle ne voulait pas faire semblant d'être sa servante en jouant au ménage.

Ses parens avaient un procès duquel dépendait toute leur fortune ; ils le perdirent et moururent de chagrin. Léonore se trouva bien malheureuse. Elle ne pouvait gagner sa vie de l'ouvrage de ses mains, parce qu'elle n'avait pas appris à travailler lorsqu'elle pouvait le faire. Après avoir été si dédaigneuse envers ses amies, il ne fallait pas songer à leur aller demander des secours. Tout le monde la rebutait. Elle sentit alors combien le mépris fait de mal aux pauvres gens. Enfin, elle se crut trop heureuse de pouvoir entrer au service d'Emilie.

N'était-il pas bien triste pour elle, mes chers amis, de se voir réduite à être tout de bon la servante d'Emilie, elle qui l'avait si souvent battue pour ne vouloir pas être la sienne en badinant ?

LE PETIT MENTEUR.

Antonin était parvenu à l'âge de huit ans, sans avoir proféré un mensonge ; et dès qu'il lui arrivait de faire quelque sottise inséparable de cet âge, il allait vite s'en accuser à son père, qui lui pardonnait après une légère réprimande.

Un jour son cousin Didier, assez mauvais sujet, vint le trouver pour s'amuser ensemble. Il lui proposa de jouer au *domino*. Antonin voulait bien jouer à ce jeu, qu'il aimait beaucoup, mais non pas de l'argent comme le voulait Didier. Cependant Antonin, cédant à une fausse honte et aux railleries de deux amis de Didier, joua son argent, et perdit en une heure tout ce qu'il avait économisé. Désolé de cette perte, et plus encore des sarcasmes de Didier et de ses amis, il se mit à pleurer. Son père rentra sur ces entrefaites, et lui demanda le sujet de ses pleurs. — C'est Didier, le fils du voisin, qui est venu me forcer à jouer avec lui au *domino*.
— C'est un amusement que je t'ai permis ; il n'y a pas là de quoi pleurer. Aurais-tu joué de l'argent ? — Non, mon papa.

Le même jour, le père d'Antonin ayant rencontré Didier, il en apprit qu'il avait gagné tout l'argent de son fils au *domino*. M. Dorimont ayant appelé Antonin, lui demanda ce qu'il avait fait de son argent. Celui-ci, au lieu de mériter son pardon, en disant la vérité, chercha un mensonge grossier, en disant qu'il avait mis son argent derrière une pierre, et qu'on le lui avait pris. M. Dorimont pardonna à son fils pour la première fois, et se contenta de le traiter de menteur, en l'avertissant que dorénavant il se méfierait de lui.

Peu de temps après, son oncle lui ayant fait présent d'un superbe porte-crayon, Antonin n'eut rien de plus pressé que de le montrer à Didier. Didier offrit à Antonin beaucoup de joujoux pour avoir ce joli objet ; mais Antonin n'ayant pas voulu faire d'échange, Didier prétendit qu'il lui appartenait, et qu'il le lui avait dérobé. Antonin eut beau protester que c'était un cadeau de son oncle, Didier le lui arracha de force, le terrassa et s'enfuit. Antonin tout en sang courut auprès de son père, à qui il fit le récit de l'action indigne de Didier; mais son père, au lieu de l'accueillir, lui dit que sans doute il l'avait joué au *domino*, et qu'il ne s'était mis dans cet état que pour lui en imposer. Antonin eut beau affirmer la vérité de son récit, son père lui dit, que l'ayant trompé une fois, il ne pouvait plus le croire. Antonin se retira dans sa chambre, pleura sa faute, en fit l'aveu à son père, obtint son pardon; et fidèle à sa promesse, il ne mentit plus de sa vie.

LES BOUQUETS.

Le petit Gaspard sortit un jour avec Eugène son voisin, pour aller cueillir les premières fleurs du printemps. Ils avaient tous deux à la main leur déjeûner.

Il se présenta sur la route une pauvre femme, tenant dans ses bras un petit garçon qui paraissait mourir de faim.

Ah! mon cher monsieur, dit-elle à Gaspard qui marchait le premier, donnez de grâce à mon pauvre enfant un morceau de votre pain; il n'a rien mangé depuis hier à midi.

Oh! j'ai bien faim moi-même, répondit Gaspard, et il continua sa route en croquant son déjeûner.

Que fit Eugène? Il avait aussi bon appétit que son camarade; mais en voyant pleurer le petit malheureux, il lui donna son pain, et il reçut, en échange de la mère, mille et mille bénédictions, que le bon Dieu entendit du haut des Cieux.

Ce n'est pas tout. Le petit garçon, fortifié par la nourriture qu'il venait de prendre, se mit à courir devant son bienfaiteur, le mena dans une prairie, et lui aida à cueillir des fleurs dont l'odeur suave le délassait de la fatigue.

Eugène rentra au logis avec un énorme bouquet, derrière lequel toute sa tête pouvait se cacher. Gaspard, au contraire, n'en avait qu'un si petit qu'il eut honte de le produire, et qu'il le jeta au pied d'une borne, après avoir perdu toute sa matinée à le cueillir.

Ils sortirent le lendemain dans le même projet. Cette fois-là un autre enfant fut de la partie. C'était le petit Valentin.

Après avoir fait quelques pas dans la prairie, Valentin s'aperçut qu'il avait perdu une boucle de ses souliers, et il pria ses amis de l'aider à la chercher.

Gaspard répondit : Je n'ai pas le temps : et il continua de courir. Eugène, au contraire, s'arrêta aussitôt pour obliger son ami. Il marchait çà et là courbé vers la terre ; et, tâtonnant dans l'épaisseur de l'herbe, il eut enfin le bonheur de trouver ce qu'il cherchait, et ils commencèrent à l'envi à cueillir des fleurs.

Des plus belles que Valentin ramassa, il en fit présent à celui qui l'avait aidé dans sa peine, et il n'en donna aucune à celui qui avait refusé durement de le secourir. Eugène eut encore ce jour-là un bouquet bien plus beau que Gaspard. Aussi s'en retourna-t-il chez lui fort satisfait, et Gaspard très-mécontent.

Gaspard croyait être plus heureux le troisième jour. Il marchait d'un air insolent, défiant Eugène. Mais à peine étaient-ils entrés dans la prairie, que voici le petit garçon à qui Eugène avait donné son pain, qui vient à sa rencontre, et lui présente une corbeille remplie des plus belles fleurs qu'il avait cueillies toutes fraîches encore de rosée.

Gaspard voulut en ramasser quelques-unes; mais le moyen d'en trouver! le petit garçon s'était levé plus matin que lui. Il eut encore moins de fleurs ce jour-là que les deux précédens.

Comme ils s'en retournaient chez eux, ils rencontrèrent le petit Valentin.

Mon cher ami, dit-il à Eugène, je n'ai pas

oublié que tu me rendis hier un service, et j'en ai pris tant d'amitié pour toi, que je voudrais toujours être à ton côté.

Mon papa t'aime beaucoup aussi. Il m'a dit de t'aller chercher, qu'il nous dirait de jolis contes, et qu'il jouerait lui-même avec nous.

Viens, suis-moi dans notre jardin ; il y a d'autres enfans qui nous attendent, et nous chercherons tous ensemble à te bien divertir.

Eugène, transporté de joie, prit la main de son ami, et le suivit dans son jardin ; et Gaspard ? il fallut qu'il s'en retournât tristement chez lui : on ne l'avait pas invité.

Il apprit par là ce qu'on gagne à être officieux et secourable envers les autres. Il ne tarda guère à se corriger ; et il serait devenu aussi aimable qu'Eugène, si celui-ci n'avait toujours mis plus de grâce dans sa manière d'obliger, par l'habitude qu'il en avait prise dès sa plus tendre enfance.

LE FORGERON.

M. de Cremy passant vers minuit devant l'atelier d'un pauvre forgeron, entendit les coups redoublés de son marteau. Il voulut savoir ce qui le retenait si tard à l'ouvrage, et s'il ne pouvait gagner sa vie du labeur de sa journée, sans le prolonger si avant dans la nuit.

Ce n'est pas pour moi que je travaille, répondit le forgeron : c'est pour un de mes voisins qui a eu le malheur d'être incendié. Je me lève deux heures plutôt, et je me couche deux heures plus tard, tous les jours, afin de donner à ce pauvre malheureux de faibles marques de mon attachement. Si je possédais quelque chose, je le partagerais avec lui ; mais je n'ai que mon enclume, et je ne puis pas la vendre, car c'est elle qui me fait vivre. En la frappant chaque jour quatre heures de plus qu'à l'ordinaire, cela fait par semaine la valeur de deux journées dont je puis céder le produit. Dieu merci ! la besogne ne manque pas dans cette saison ; et quand on a des bras, il faut bien les faire servir à secourir son prochain.

Voilà qui est fort généreux de votre part, mon enfant, lui dit M. de Cremy ; car, selon toute apparence, votre voisin ne pourra jamais vous rendre ce que vous lui donnez.

Hélas ! monsieur, je le crains pour lui plus

que pour moi ; mais je suis bien sûr qu'il en ferait autant, si j'étais à sa place.

M. de Cremy ne voulut pas le détourner plus long-temps de ses occupations ; et, lui ayant souhaité une bonne nuit, il le quitta.

Le lendemain, ayant tiré de ses épargnes une somme de six cents livres, il la porta chez le forgeron dont il voulait récompenser la bienfaisance, afin qu'il pût tirer son fer de la première main, entreprendre de plus grands ouvrages, et mettre ainsi en réserve quelques deniers du fruit de son travail pour les jours de sa vieillesse.

Mais quelle fut sa surprise, lorsque le forgeron lui dit : Reprenez votre argent, monsieur ; je n'en ai pas besoin, puisque je ne l'ai pas gagné. Je suis en état de payer le fer que j'emploie ; et s'il m'en faut davantage, le marchand me le donnera bien sur mon billet. Ce serait de ma part une grande ingratitude de vouloir le priver du gain qu'il doit faire sur sa marchandise, lorsqu'il n'a pas craint de m'en avancer pour cent écus dans le temps où je ne possédais que l'habit que j'ai sur le corps. Vous avez un meilleur usage à faire de cette somme, en la prêtant *sans intérêts au pauvre incendié. Il pourra, par ce moyen, rétablir ses affaires; et moi, je pourrai dormir alors tout mon soûl.*

M. de Cremy n'ayant pu, malgré les plus vives instances, le faire revenir de son refus, suivit le conseil qu'il lui avait donné ; et il eut le plaisir de faire le bonheur d'une personne de plus que dans le premier projet de son cœur généreux.

L'ENFANT ET LA RAQUETTE.

Un Enfant, joli comme un cœur,
Récitait, à trois ans, plusieurs fables par cœur,
Savait son catéchisme, et commençait à lire.
  Je n'ai besoin de dire
 Que de sa mère il était le bijou
Et que, sans le gâter, son père en était fou
  Trop s'appliquer nuit à l'enfance ;
 Il lui faut de l'amusement.
La mère le sentit. On achète un volant.
On le donne au petit comme une récompense
  Du devoir fait diligemment.
  L'Enfant, armé de sa Raquette,
  Ne s'occupe plus que du jeu ;
  Pour son volant, il est tout feu :
 Dix fois par jour, en public, en cachette,
Il s'exerce ; c'est là son unique recette.

De catéchisme, point; de lecture, très-peu.
Tant il fut procédé, qu'enfin la chère bonne
Va dire à la maman que le petit garçon,
  Au lieu d'apprendre sa leçon,
Malgré sa remontrance, au jeu seul s'abandonne.
  La mère fait venir l'Enfant,
Lui reproche ses torts, et reprend le volant.
  Mon fils, je veux bien qu'on s'amuse;
Mais quand de mes bontés je vois que l'on abuse,
  Je sais comment il faut punir :
Du volant enlevé perdez le souvenir.
Croyez-vous qu'en jouant on acquiert la science?
Je ne saurais, mon fils, trop vous le répéter,
Le jeu, pour les enfans, est une récompense;
Et c'est par le travail qu'on doit la mériter.
  Le petit mis en pénitence,
Prouve, les yeux en pleurs, le cœur plein de soupirs
Que souvent nos chagrins naissent de nos plaisirs.

L'ENFANT ET LE MIROIR.

Un Enfant élevé dans un pauvre village,
Revint chez ses parens, et fut surpris d'y voir
  Un miroir.
  D'abord, il aima son image
Et puis par un travers bien digne d'un enfant,
  Et même d'un être plus grand,
  Il veut outrager ce qu'il aime;
Lui fait une grimace, et le miroir la rend.
  Alors son dépit est extrême;

Il lui montre un poing menaçant
Et se voit menacé de même.
Notre marmot fâché s'en vient en frémissant,
Battre cette image insolente·
Il se fait mal aux mains, sa colère en augmente;
Et, furieux, au désespoir,
Le voilà devant ce miroir,
Criant, pleurant, frappant la glace.
Sa mère qui survient, le console, l'embrasse,
Tarit ses pleurs, et doucement lui dit:
N'as-tu pas commencé par faire la grimace
A ce méchant enfant qui cause ton dépit?
— Oui. — Regarde à présent : tu souris, il sourit;
Tu tends vers lui les bras, il te les tend de même,
Tu n'es plus en colère, il ne se fâche plus;
De la société tu vois ici l'emblême:
Le bien, le mal nous sont rendus.

L'ÉCOLIER ET LE SERIN.

Un enfant qui, toujours paresseux et volage,
En deux ans n'avait rien appris,
Entendit un Serin qui, perché dans sa cage,
Sifflait parfaitement un air des plus jolis.
Surpris, émerveillé de ce charmant ramage,
Je savais, dit l'enfant, qu'un Serin chante bien;
Mais j'ignorais qu'il pût être musicien :
Comment, ajouta-t-il, as-tu donc fait pour l'être?
Comment j'ai fait? répondit le Serin:
J'ai profité des leçons de mon maître;

Et lorsqu'il me sifflait le soir et le matin,
J'oubliais tout le reste, et j'étais tout oreille ;
  C'est à force de l'écouter
Que j'ai dans quelques mois appris à l'imiter ;
Et c'est pourquoi l'on dit que je siffle à merveille
   Mais il ne dépend que de toi
   De te rendre à ton tour habile ;
   Il ne faut qu'être, comme moi,
A ce que l'on t'enseigne attentif et docile.

Chaque enfant doit pour lui prendre cette leçon
   Elle est aussi sage qu'utile.
On n'apprend rien sans peine et sans attention :
Le savoir est le fruit de l'application.

L'ENFANT ET LA MARMOTTE.

Un Enfant qui croyait ne point faire de faute
En n'usant de son temps que pour se divertir,
   Faisait un crime à la Marmotte
   De passer six mois à dormir :
   Il ne l'appelait que dormeuse,
Et lui disait souvent qu'elle devait rougir
   De se montrer si paresseuse.
   Dame Marmotte qui savait
Le goût que pour le jeu le petit drôle avait,
   Surprise de sa hardiesse,
Lui répondit un jour : Vous blâmez ma paresse :
Mais vous, à ce défaut n'êtes-vous point sujet ?
Il est des paresseux de différente espèce ;
   On peut l'être dans plusieurs sens ;
On l'est du moins toujours lorsque l'on perd son temps.

> Si donc moi je suis condamnable
> De perdre le mien en dormant,
> N'êtes-vous pas aussi blâmable
> De perdre le vôtre en jouant ?
> Il me semble que la Marmotte

Etait fort raisonnable, et parlait sensément ;
Mais le petit marmot ne l'était pas autant :
Pour l'être, il faut savoir reconnaître sa faute,
Et ne pas la blâmer dans autrui seulement.

LA MÈRE ET L'ENFANT MALADE.

Fanfan était malade, il fallait le guérir :
Mais c'était par malheur un petit volontaire,
>> Qui n'avait coutume de faire
>> Que ce qui lui faisait plaisir.
>> Et le remède salutaire,
Que pour chasser la fièvre on lui devait offrir,
>> N'était guère fait pour lui plaire
>> C'était une amère boisson ;
Et le drôle eût bien mieux aimé quelque bonbon
>> Aussi dès qu'il la vit paraître,
> Prévoyant bien ce qu'elle pouvait être,
Il se mit à pleurer, puis il la rebuta,
>> Et de dépit enfin jeta
>> Le vase et la liqueur à terre.
>> Sa mère alors, sa tendre mère,
>> Qui pleurait aussi, sentit bien
Qu'il fallait recourir à quelque heureuse adresse,
>> Et voici quel fut le moyen
>> Que lui suggéra sa tendresse :

De la boisson amère elle ne dit plus rien ;
Mais mettant à la fois plusieurs drogues en poudre
Dans des œufs et du sucre elle les fait dissoudre,
Y joint de la farine, en forme un vrai biscuit.
      Quand il est bien doré, bien cuit,
      De son lutin elle s'approche,
Et feignant de tirer un bonbon de sa poche :
      Tiens, dit-elle, mon bon ami ;
Si tu n'as pas voulu prendre la médecine,
      Tu prendras bien du moins ceci.
C'est un biscuit. Tiens, vois comme il a bonne mine
      Aussitôt le petit madré
      Du coin de l'œil avec soin l'examine,
Et voyant le dessus qu'on avait bien sucré :
Hé bien ! puisqu'il le faut, dit-il, je le prendrai :
Il le prit en effet sans nulle répugnance :
Il eut pendant trois jours la même complaisance
Et sans qu'il s'en doutât, en se purgeant ainsi,
Le malade dans peu se trouva rétabli.

      Comme sa tendre et sage mère,
Je voudrais, mes enfans, sans prendre un ton sévère,
      Vous corriger de vos défauts.
Les fables, où je tâche et d'instruire et de plaire,
Sont comme les biscuits qu'elle crut devoir faire
Pour allécher son fils et pour guérir ses maux

FIN

Lyon.—Impr. d'Ant Perisse.

www.ingramcontent.com/pod-product-compliance
Lightning Source LLC
LaVergne TN
LVHW021717080426
835510LV00010B/1015